# Selbstliebe



***Die Kunst gesunde Beziehungen zu führen***

***Sich selbst und andere lieben lernen - Selbstwert, Selbstbewusstsein, Selbstannahme, Selbstbeziehung, Erfolg***

1.Auflage

# Inhaltsverzeichnis

# Einleitung

Möchtest auch du ein erfülltes Leben genießen, in dem Liebe, Erfolg und persönliches Glück eine große Rolle spielen? Dann hast du dich für das richtige E-Book entschieden. Denn all deine Wünsche kannst du dir selbst erfüllen, wenn du dich selbst liebst. Ja, wir wissen, der Spruch „Liebe dich selbst und du kannst jede Person heiraten" klingt abgedroschen. Aber leider befindet sich darin sehr viel Wahrheit. Denn in der Tat ist es so, dass nur Menschen, die sich selbst lieben können, auch erfolgreich sein können. Dies gilt nicht nur für eine Liebesbeziehung, sondern auch für den beruflichen Erfolg.

Warum dem so ist und was du tun kannst, um dich selbst zu lieben, erfährst du in diesem E-Book. Wir erklären dir zuerst einmal, was Selbstliebe überhaupt bedeutet. Im nächsten Kapitel zeigen wir dir für jeden Lebensbereich, wie sich die Selbstliebe darauf auswirkt und im letzten Kapitel erläutern wir lebensechte Tipps, wie du deine Selbstliebe in der Praxis stärken kannst.

All dies unterstreichen wir immer wieder mit Beispielen, um zu verdeutlichen, was wir im Detail damit aussagen möchten. Auf diese Weise erhältst du umfassende Informationen, die du anschließend problemlos für dich selber anwenden kannst.

Herzlichen Dank für den Kauf dieses Buches!

# Was bedeutet Selbstliebe?

Viele Menschen denken beim Wort Selbstliebe an die enorm egoistischen Menschen, die über Leichen gehen, um Erfolg zu haben. Damit sind diejenigen gemeint, die in keinster Weise Rücksicht auf andere nehmen und stets nur an sich selbst denken. Ob dann im Rahmen einer beruflichen Karriere jemand Schaden nimmt, interessiert diese Menschen nicht im Mindesten. Ebenso verhalten sich diese Personen – oft auch als Narzissten bekannt – ihrem eigenen Partner gegenüber unfair und fordern nur Dinge ein, anstatt sie selbst zu geben. So könnte ein egoistischer Mensch von seinem Partner verlangen, dass nur dieser den gesamten Haushalt allein erledigt, während er sich in jeder freien Minute ausruht. Solltest du beim Begriff Selbstliebe ebenfalls an diese Menschen denken, dann liegst du zum Glück falsch. Denn eine gesunde Selbstliebe hat damit rein gar nichts zu tun.

Was bedeutet dann Selbstliebe? Selbstliebe

gehört in die Kategorien Selbstachtung, Selbstbewusstsein, Selbstrespekt und auch Selbsterhalt. Vereinfacht definiert:

**Selbstliebe ist Selbstannahme**

Wer sich selbst liebt, der nimmt sich so an, wie er ist. Natürlich ist nicht jeder zu einhundert Prozent mit sich selbst zufrieden. Da sitzt ein Pfund Körpergewicht an der falschen Stelle oder der berufliche Erfolg bleibt aus. Vielleicht zerbricht auch eine Beziehung nach der nächsten. Logisch, dass all diese Situationen zu Selbstzweifeln führen. Zu einem gewissen Grad ist dies auch völlig normal. Wichtig ist aber, dass du dich selbst so akzeptierst, wie du eben bist. Um das zu verdeutlichen, erklären wir mal, was das Gegenteil von Selbstliebe ist.

## ***Was ist das Gegenteil von Selbstliebe?***

Personen, die sich selbst nicht lieben, sind mit sich und der gesamten Welt unzufrieden. Sie haben stets den Gedanken, dass sie schlecht und wertlos sind. Sie selbst haben das Gefühl, dass sie niemand liebt. Sie stehen morgens auf und haben bereits schlechte Laune. Sie freuen sich nicht auf den neuen Tag. Sie stehen im Bad und denken: Mein Gott, warum bin ich so hässlich? Sie nehmen sich jeden Fehler sehr zu Herzen und verzweifeln teilweise daran. Sie gehen am Abend nicht weg, sondern verstecken sich in ihrer Wohnung. Sie haben definitiv keinen Spaß am Leben. Wir möchten sogar so weit gehen, dass wir behaupten, dass ein „Borderliner" keine Selbstliebe besitzt. Spätestens aber dann, wenn jemand Suizid begeht, besitzt er nicht die geringste Spur von Selbstliebe.

An dieser Stelle möchten wir darauf hinweisen, dass Borderline eine Krankheit ist, die selbstredend von einem Facharzt behandelt werden muss. Hier salopp von fehlender Selbstliebe zu sprechen, ist völlig falsch. Wir haben dies lediglich als Beispiel verwendet, um zu verdeutlichen, wie ein Mensch ohne Selbstliebe sich selber behandelt. Dieser hat in der Tat keinen Respekt vor sich, vor seinem

Körper und behandelt diesen daher lieblos und fügt ihm teilweise sogar Schaden zu. Diese Menschen denken, sie hätten es nicht verdient, auf der Welt und glücklich zu sein.

## ***Die Selbstliebe im Detail***

Nun hast du einen ersten Einblick erhalten, was Selbstliebe bedeutet. Jetzt möchten wir dieses Thema detailliert veranschaulichen und die einzelnen Punkte erläutern:

### Selbstannahme

Sich selbst zu akzeptieren, wie man ist, mag nicht immer einfach sein. Da gibt es Tage, an denen die Frisur nicht sitzt. Oder man hat über Weihnachten zu viel geschlemmt und nun ist die Körperform nicht mehr im Idealbereich. Es gibt viele Gründe zu sagen, dass man sich selber im Moment nicht ausstehen kann. Aber diese Gründe sind oberflächlich und vergehen auch wieder. Wichtig ist, dass man sich so annimmt, wie man ist. Man sollte mit sich selbst als Mensch zufrieden sein. Es sollten Gedanken entstehen wie: Ich bin wertvoll, ich bin ein guter Mensch und ich habe es verdient, auf der Welt zu sein. Du solltest mit deinem Charakter und deinen Eigenschaften zufrieden sein. Und sollte dir eine negative Eigenschaft auffallen, dann ändere sie einfach. Wichtig ist nur, dass du nicht von Grund auf gegen dich selbst bist. Denke vor allem daran, dass du nicht schuld bist, dass du der Mensch geworden bist, der du bist. Du bist von deinen Eltern und auch von der Gesellschaft zu diesem Menschen erzogen worden. Oder negative Erfahrungen auf deinem Lebensweg haben dich zu dem gemacht, was du jetzt bist. Wie gesagt, Kleinigkeiten kannst du verändern, nur das große Ganze sollte dir gefallen.

## Selbstrespekt/Selbstachtung

Ebenso wie du dich als Mensch akzeptierst, solltest du Respekt vor dir haben. Ein respektvoller Umgang mit dir selbst bedeutet, dass du auf deine Psyche und deinen Körper achtest. Du ernährst dich dann gesund und fügst dir selbst keinen Schaden zu. Hiermit denken wir jetzt nicht an eine Körperverletzung – vielmehr an übertriebenen Alkoholgenuss, Schlafmangel, erhöhtes Arbeitspensum und fehlenden Spaß im Leben. Stelle dir einen Menschen vor, dem du viel Respekt entgegenbringst. Würdest du für diesen Menschen kochen, dann wäre es doch auch ein gesundes Rezept? Und würdest du diesem Menschen boshafte Worte entgegenschleudern? Mit Sicherheit nicht. Und so solltest du dich auch selbst behandeln.

## Selbstbewusstsein

Das Selbstbewusstsein fällt und steigt mit der Selbstliebe und umgekehrt. Sobald du dich selbst so annehmen kannst, wie du bist, wirst du auch ein hohes Selbstbewusstsein haben. Sobald du an dir selber zweifelst, sinkt auch das Selbstbewusstsein. Hört sich einfach an? Ist es aber nicht. Die Frage lautet jetzt: Musst du bei einer fehlenden Selbstliebe diese erhöhen oder das Selbstbewusstsein? Aber keine Angst, du erhältst später Tipps, wie du beides stärken kannst.

**Selbsterhalt**

Eine Person mit ausreichend Selbstliebe wird immer alles unternehmen, um weiter zu leben. Dies nennt sich Selbsterhalt. Früher bedeutete es, dass die Menschen vor den Wildtieren geflüchtet sind, um nicht gefressen zu werden. Heute bedeutet es, zu arbeiten und sich ein schönes Leben zu gönnen. Normalerweise geht jeder regelmäßig zum Arzt, um Krankheiten vorzubeugen oder diese frühzeitig zu erkennen. Personen mit Selbstliebe unternehmen alles, um möglichst lange am Leben zu bleiben. Ferner unternehmen solche Personen auch alles, um glücklich zu sein und nicht zur Arbeit, sondern auch Spaß im Leben zu haben.

## ***Selbstliebe oder Selbstsucht?***

Wie eingangs erwähnt, verwechseln viele die

Selbstliebe mit Selbstsucht. Während du bei einer gesunden Selbstliebe dich selber so annimmst und dich auch gut behandelst, fordern selbstsüchtige Menschen wesentlich mehr: Diese möchten immer im Rampenlicht stehen und von anderen bedient werden. Diese Personen denken, sie wären etwas besseres und behandeln ihre Mitmenschen schlechter. Sie möchten über andere Menschen herrschen. Allerdings kann man auch über andere Menschen herrschen und hierbei gütig sein. Dann ist man kein selbstsüchtiger Mensch. Sobald man jedoch auf die Gefühle und Wünsche anderer keine Rücksicht nimmt, könnte man selbstsüchtig sein.

Eine Person mit Selbstliebe hingegen weiß, dass auch andere Menschen eigene Wünsche und Vorstellungen besitzen und kann auf diese eingehen. Natürlich müssen deshalb die eigenen Wünsche nicht in den Hintergrund rücken – der goldene Mittelweg ist gefragt. Einerseits solltest du auf dich selber hören und dir auch etwas gönnen. Andererseits sind insbesondere während einer Beziehung die Wünsche des Partners und die der Kinder nicht unwichtig. Kompromisse lautet hier das Zauberwort. So fühlt sich niemand übergangen.

# Ursachen fehlender Selbstliebe

Nun möchten wir einmal untersuchen, woher eine fehlende Selbstliebe kommt. Wenn ein Neugeborenes auf die Welt kommt, dann besitzt es einen Selbsttrieb. Es weint, wenn es Hunger hat und weint auch dann, wenn es Liebe haben möchte. Sobald die Eltern auf diese Zeichen reagieren, wird das Kind in sich selbst bestätigt. Es fühlt, dass es gewollt ist und geliebt wird. Dieses Verhalten führt in der Regel zu einem gesunden Maß an Selbstbewusstsein und Selbstliebe. Doch was passiert anschließend, damit so viele Menschen zu wenig Selbstliebe besitzen? Es könnte zum Beispiel sein, dass ein Geschwisterchen geboren wird und das erste Kind lernt, sich stets zurückzunehmen. Es lernt, dass andere wichtiger sind und dass er sich zurücknehmen muss. So werden alle Mitmenschen wichtiger und die Person selbst wird unwichtig.

Alternativ hierzu könnte es sein, dass dem Kind

gesagt wird, dass es dumm ist oder irgendetwas nicht kann. Im Rahmen der Kindererziehung ist es enorm wichtig, dass die Kinder oft gelobt werden. Natürlich bedeutet Erziehung auch, Regeln zu setzen und das Kind zu verbessern. Schließlich muss es ja viele Dinge lernen, die es noch nicht kann. Aber hier kommt es auf die Einstellung der Eltern an: Wird das Kind positiv angeleitet, dann stärkt sich sein Selbstbewusstsein. Wird hingegen das Kind ständig geschimpft oder gar bestraft, wenn es etwas falsch gemacht hat, dann sinkt das Selbstbewusstsein. Hier liegt der Fehler eindeutig bei den Eltern: Kinder können sich für ein falsches Verhalten bestraft werden, wenn sie die Kenntnisse nicht besitzen. Beispiel: Das Kind spielt im Garten Fußball und wirft den Ball in die Fensterscheibe, die daraufhin zerbricht. Jetzt stellt sich die Frage: Wusste das Kind, dass die Scheibe zerbrechen kann? Wenn nein, darf man es auch nicht schimpfen oder bestrafen. Hier hätten die Eltern das Kind vorher darüber informieren müssen. Ebenso müssen Kinder Fehler machen dürfen, um daraus zu lernen.

Auch dann ist nicht immer nur Strafe angesagt. Zerstört das Kind absichtlich etwas, dann ist das wieder etwas anderes. Oder das Beispiel mit dem Essen: Es soll immer das gegessen werden, was gekocht wurde! Wie ist das mit den Erwachsenen? Essen die immer alles? Nein und dieses Recht sollte auch den Kindern zustehen. Falls das Kind absolut kein Gemüse oder Obst essen möchte, müssen andere Ideen her: Obst mit Schokolade überzogen isst jeder gerne oder panierte Gemüsestäbchen. Keinesfalls sollte das Kind genötigt werden, das zu essen, was gekocht wurde. Dann entwickelt sich immer das Gefühl, es wäre fehlerhaft.

Nun könnte es auch sein, dass die Eltern einfach nur zu wenig Zeit für das Kind haben, weil beide berufstätig sind. So könnte der Eindruck entstehen, dass das Kind im Weg ist. Logisch, dass sich hiermit die Selbstliebe ebenfalls reduziert.

Sollte generell zu wenig Geld vorhanden sein, so trägt das Kind keine moderne und angesagte Kleidung und wird deshalb von anderen gehänselt. Oder es besitzt weniger oder älteres Spielzeug oder es darf nicht mit in den Tierpark. Was auch immer, all diese Situationen setzen das Selbstbewusstsein herab und je mehr negative Erfahrungen entstehen, umso eher entwickelt sich das Gefühl, dass es kein wertvoller Mensch ist.

Tatsache ist jedenfalls, dass kein Mensch grundlos zu wenig Selbstliebe besitzt. Dies wird immer von außen verursacht. In diesem Punkt ist eines enorm interessant: Obwohl das Selbstbewusstsein mit der Selbstliebe zusammenhängt, lässt sich beides hier trennen. Wenn ein Kind aufgrund seiner Erziehung ausreichend Selbstliebe aufbauen kann, könnte es ein schwaches Selbstbewusstsein entwickeln. Das geschieht zum Beispiel, wenn es im Kindergarten oder in der Schule von den anderen Kindern gehänselt wird oder gar schlechte Noten erhält. Fehlender Erfolg im Berufsleben führt ebenfalls zu einem schlechten Selbstbewusstsein. Die Selbstliebe muss sich dann trotzdem nicht abschwächen. Ein gutes Beispiel hierfür sind Einsiedler,

Einzelgänger oder Aussteiger, die sich von der Zivilisation verabschieden. Diese Personen nehmen bewusst nicht am gesellschaftlichen Leben teil, besitzen jedoch eine derart hohe Selbstliebe, dass sie sich ein schönes Leben gestalten. Wer jetzt noch zu wenig Selbstliebe besitzt, der käme vielleicht auf die Idee, sich das Leben zu nehmen. Dies bestätigt, weshalb es so wichtig ist, dass du ausreichend Selbstliebe besitzt.

Natürlich gibt es wesentlich mehr Gründe, weshalb jemand zu wenig Selbstliebe besitzt. Die oben genannten Gründe sind nur eine kleine Aufstellung und stellen die wichtigsten Ursachen dar. Trotzdem ist es wichtig, dass du weißt, weshalb du ein schwaches Selbstbewusstsein oder eine fehlende Selbstliebe hast. Denn die Ursachen sind die Grundlage, um die Realität wieder zu verändern. Mit den Ursachen arbeitest du, um der heutigen Situation eine positive Wende zu geben.

# Auswirkungen fehlender Selbstliebe

In diesem Kapital möchten wir erforschen, welche Auswirkungen die fehlende oder zu schwache Selbstliebe auf das gesamte Leben hat. Das größte Problem stellt die Tatsache dar, dass jeder in einen Teufelskreis geraten kann: Je mehr Probleme durch die fehlende Selbstliebe entstehen, umso mehr schwächt sie sich ab und um so mehr Probleme entstehen hierdurch. Dies gilt nicht für nur eine Liebesbeziehung – vielmehr sind alle Lebensbereiche betroffen. Diese möchten wir Stück für Stück beleuchten.

## *Fehlende Selbstliebe in der Kindheit*

Bereits Kinder können unter einer fehlenden Selbstliebe leiden, wenn sie dieses Verhalten von ihren Eltern erlernt haben oder ein schwaches Selbstbewusstsein besitzen. Bereits jetzt zeichnet sich ab, dass sich die betroffenen Kinder von ihrem sozialen Umfeld abgrenzen und immer mehr zum Einzelgänger werden. Hierdurch fehlen ihnen die Erlebnisse, die sie als Erwachsener stärker machen und viele Erfahrungen in sozialer Hinsicht lassen sie auch später zum Einzelgänger werden. Sie werden sich dann auch später nicht adäquat verhalten können, was sich natürlich im privaten und beruflichen Bereich als negativ heraus kristallisiert. Es entstehen dann die Personen, die überall „anecken“.

Ferner können Kinder ohne Selbstliebe bereits in jungen Jahren eine Depression entwickeln, die im Leben als Erwachsener immer wieder neu aufflammen. Dass die schulischen Leistungen ebenfalls darunter leiden können, muss nicht eigens erwähnt werden.

## ***Wie funktioniert die Liebesbeziehung bei fehlender Selbstliebe?***

Leider nimmt die Position zur eigenen Person eine sehr große Rolle ein, wenn eine Liebesbeziehung beginnt. Diese ist oft bereits zu Beginn zum Scheitern verurteilt. Vielleicht magst du jetzt denken, dass es doch egal ist, ob du dich liebst. Jemand anderen kannst du aber doch lieben. Das stimmt zwar auch – aber es können darin ebenfalls Probleme auftauchen. Von welcher Art diese sein können, möchten wir dir jetzt zeigen:

### Du zweifelst an der Liebe deines Partners

Das häufigste Problem, das im Rahmen einer fehlenden Selbstliebe auftritt ist die Tatsache, dass du an der Liebe deines Partners zweifelst. Du fragst dich natürlich, warum dein Partner dich liebt, wenn du es selbst nicht tust. Du denkst in der Tat, dass du es gar nicht wert bist oder dass es an dir keine Eigenschaften gibt, die liebenswert sind. Wenn du mit deiner Figur nicht zufrieden bist oder im Grunde genommen denkst, dass du kein netter Mensch bist, dann stellst du dir natürlich die Frage, was dein Partner an dir findet. Diese Zweifel wird dein Partner auf jeden Fall spüren. Zu Beginn wird es vielleicht noch nicht schlimm sein, später jedoch wird es nerven. Früher oder später kommt deine Eifersucht zu Tage. Du wirst jedes Wort und jedes Verhalten von deinem Partner so auslegen, als wäre es ein Beweis, dass er dich betrügt. Womöglich stöberst du dann in seinem E-Mail Programm oder in seinem Handy, um diese Beweise schwarz auf weiß zu finden.

Oder du überhäufst ihn mit Fragen, ob er dich denn wirklich liebt und warum. Sobald er dir ein Kompliment macht, kannst du dieses nicht annehmen und dankbar dafür sein. Du wirst auch dieses anzweifeln. Bei jedem Geschenk wirst du dich fragen, ob er ein schlechtes Gewissen hat. Egal, was dein Partner für dich tut und wie er dich verwöhnen will: du wirst es immer in Zweifel ziehen. Solltest du diese Zweifel nicht offen ansprechen, dann spürt er sie. Er sieht es an deinem Verhalten, an deinem Worten usw. Das Ende davon ist jedem bewusst: Irgendwann einmal trennt sich der Partner, weil er es nicht mehr aushält. Ihm wird die Beziehung zu anstrengend, obwohl er dich liebt. Dann entstehen Sätze bei der Trennung wie: Ich liebe dich noch immer. Wie fühlst du dich dann? Richtig, wahrscheinlich nicht ernst genommen und zum Teil auch veräppelt. Gleichzeitig wirst du in deinem Denken bestätigt, dass du nicht liebenswert bist. Du hast somit deine eigenen Erwartungen zur Realität gemacht.

**Du fängst zum Klammern an**

Oft führen Personen mit einer schwachen oder fehlenden Selbstliebe immer nur kurze Beziehungen. Warum dem so ist? Ganz einfach: Zu Beginn einer Beziehung freut sich jeder über jede Minute, die er mit dem neuen Partner verbringen kann. Jeder sieht die Welt aus der rosaroten Brille und ist für andere Menschen kaum noch erreichbar. Diese Situation dauert so lange an, wie die Verliebtheitsphase andauert. Und genau hier tritt das Problem ein: Die Verliebtheitsphase dauert vielleicht ein halbes Jahr und schwächt sich dann an. Einige haben das Vergnügen, dass die Verliebtheitsphase ein Jahr oder gar zwei Jahre dauert. In dieser Zeit ist alles in Ordnung. Doch dann entfernen sich die Partner wieder voneinander, unternehmen vermehrt mit Freunden etwas und gehen teils getrennte Wege. Das bedeutet jetzt nicht, dass man wieder auseinander zieht, falls man eine gemeinsame Wohnung hat. Nein, aber man verbringt weniger Zeit miteinander. Und das ist der wunde Punkt für dich, wenn du zu wenig Selbstliebe hast. Für dich ist das nun das Zeichen, dass dich dein Partner nicht mehr liebt und du wirst dich von ihm entfernen – körperlich und mental. Das ist nun der Beginn vom Ende.

## Bindungsstörungen

Ein weiteres Problem von Personen mit fehlender Selbstliebe ist die Bindungsstörung. Diese entsteht ebenfalls dadurch, dass sie denken, dass niemand sie lieben kann. Aus diesem Grund gehen sie immer wieder auf Abstand, wenn die Beziehung zu eng wird. Sie möchten sich im Grunde genommen mit diesem Verhalten schützen. Denn wenn die Beziehung nicht zu eng wird und dann auseinander bricht, dann ist dies nicht so schmerzhaft. Daher lassen sie gar keine tiefe Beziehung zu. Andererseits suchen sie jedoch die Nähe zum anderen, weil sie selbst ja verliebt sind. Damit stellen sie eine belastende Situation für den Partner her. Dieser kann den ständigen Wechsel zwischen Nähe und Distanz nicht verstehen und kommt unweigerlich zum Schluss, dass er nicht der richtige Partner ist. Im schlimmsten Falle bekommt auch der Partner Selbstzweifel und überlegt unentwegt, was er falsch gemacht hat, um mit solch einem Verhalten „bestraft“ zu werden. In diesem Falle müsste es sich in der Tat um einen ähnlichen Menschen handeln, der die Beweggründe versteht. Wer jedoch eine dauerhafte Beziehung führen möchte, die sich mit der Zeit immer mehr stabilisiert, der wird mit einer bindungsgestörten Person nicht glücklich sein.

Doch was lernt derjenige, der unter Selbstliebe leidet? Er sieht seine Erwartungen und negativen Gedanken bestätigt. Er führt zwar die Situation selbst herbei, begreift dies aber nicht. Er lernt hiermit nur, dass er doch nicht liebenswert ist oder schiebt die Schuld dem anderen in die Schuhe. Je öfter dies passiert, umso mehr wird er sich in Liebesbeziehungen zurückziehen.

## Erhöhte oder fehlende Anpassung

Wie funktioniert eine gute Beziehung? In der Regel treffen sich zwei Personen, die unterschiedliche Erfahrungen mitbringen. Ferner haben sie meist unterschiedliche

Lebensvorstellungen, verschiedene Hobbys und natürlich auch unterschiedliche Erwartungen und Wünsche an das Leben. Jetzt heißt es Kompromisse schließen. Dies funktioniert nur, wenn beide ein hohes Selbstwertgefühl besitzen und kein Problem mit einem Nachgeben oder mit einem Verzicht haben. Personen mit einer fehlenden Selbstliebe jedoch passen sich entweder zu stark an oder gar nicht.

Ein zu starkes Anpassen geschieht, weil der Gedankenweg wie folgt abläuft: Wenn ich alles tue, was mein Partner möchte, dann liebt er mich. Vermehrt stellen sich Frauen unter ihren eigenen Scheffel und mutieren zu der Hausfrau, die es in den 50er Jahren gab. Diese geben ihr gesamtes Eigenleben auf, tragen dem Mann die Pantoffeln hinterher und machen alles genauso, wie der Mann das möchte. Vielleicht geht das eine gewisse Zeitlang gut. Vielleicht gibt es auch den einen oder anderen Mann, der das so möchte. Aber: Die meisten Männer werden früher oder später davon genervt sein. Sie möchten eine selbstbewusste Frau, die ihren eigenen Weg geht und sich nicht ständig anpasst. Wer keinen eigenen Gedanken oder Willen mehr hat, der ist definitiv nicht attraktiv. Der Mann hätte früher oder später das Gefühl, dass er eine Puppe als Partnerin hat.

Manchmal geschieht auch das Gegenteil: Die Personen mit fehlender Selbstliebe passen sich gar nicht an. Sie denken, der Partner muss das tun, was sie möchten, ansonsten liebt er sie nicht. Sie verlangen im Endeffekt, dass sich der Partner so verhält, wie sich die Eltern verhalten hatten. Eltern nehmen sich selbst zurück, um all ihre Zeit und Liebe den eigenen Kindern zu schenken. Natürlich haben die Eltern mit kleinen Kindern keine eigene Freizeit mehr. Diese beginnt erst dann wieder, wenn die Kinder erwachsen oder aus dem Haus sind. Daran orientieren sich diese Personen und denken, in einer Partnerschaft muss das genauso sein. Dass dies nicht funktioniert, ist selbsterklärend.

**Kann man jemand anderen lieben?**

Die große Frage lautet: Kann man überhaupt jemand anderen lieben, wenn man sich selbst nicht liebt? Spontan würde man sagen JA. Jeder kann sich verlieben – teilweise sogar Hals über Kopf. Aber kann aus einer Verliebtheit auch wirklich eine Liebe werden, die gelebt werden kann? Sehen wir uns mal den Spruch aus der Bibel an: Liebe deinen nächsten wie dich selbst. Dieser Satz verdeutlicht: Zuerst liebst du dich und dann erst die anderen. Du nimmst quasi deine Selbstliebe als Vorbild, wie du die anderen lieben sollst. Wetten, dass du das noch nie so gesehen hast?

Jetzt könnte man davon ausgehen, dass man niemand anderen lieben kann, wenn man sich selbst nicht liebt. Das liegt womöglich daran, dass man die Gefühle der Liebe gar nicht kennt. Man weiß gar nicht, wie man den anderen behandeln soll, wenn man sich selbst nicht gut behandelt. Wie funktioniert es, jemanden mit Respekt zu behandeln? Wie geht man mit jemanden gut um? Normalerweise überlegt man, wie man selbst behandelt werden möchte und wendet dies an anderen an. Bei einer fehlenden Selbstliebe ist das schlichtweg nicht möglich.

## Eifersucht

Wie schon weiter oben kurz angesprochen, führt fehlende Selbstliebe oft zur übertriebenen Eifersucht. Dass man in gewissen Situationen eifersüchtig wird, ist völlig normal. Natürlich möchte niemand, dass der eigene Partner mit jemand anderen flirtet. Das tut immer weh. Das Problem bei fehlender Selbstliebe ist, dass dann meist auch ein schwaches Selbstwertgefühl vorhanden ist. Man versteht gar nicht, warum der Partner einen liebt. Vielleicht denkt man dann sogar, dass er dies nur spielen würde. Und sobald der erste Anhaltspunkt da ist, dass der Partner einen nicht liebt, wird man eifersüchtig. Jede kleine Bemerkung und jedes Verhalten wird auf die Goldwaage gelegt. Eifersuchtsszenen entstehen sogar dann, wenn der Partner mit der Kassiererin im Supermarkt spricht und zu lange mit der eigenen Mutter telefoniert. Klar, dass diese Situationen für den Partner unverständlich sind. Hier helfen auch alle Erklärungen nicht weiter. Das Problem ist einfach, dass die Person ohne Selbstliebe nicht verstehen kann, warum er von jemand anderen geliebt wird. Dies wird ständig infrage gestellt und alles dient als Beweis, dass dem wirklich nicht so ist.

Personen mit einem gesunden Selbstbewusstsein werden seltener eifersüchtig als andere. Sie wissen und spüren, dass der Partner sie liebt und können diese Tatsache annehmen. Dann benötigt es schon krasse Situationen, um eifersüchtig zu werden. Klar ist, dass man sich manchmal vielleicht verletzt fühlt, wenn der Partner seiner Expartnerin zum Geburtstag gratuliert. Oder dass es weh tut, wenn sich der Partner wegen gemeinsamer Kinder noch mit dem Ex oder der Ex versteht. Eine gesunde, kräftige Seele kann dies jedoch wegstecken.

## ***Fehlende Selbstliebe im Beruf***

Warum sind manche Menschen beruflich erfolgreich und andere wiederum nicht? Oft liegt es auch jetzt an der fehlenden Selbstliebe. Auch jetzt möchten wir dir ein paar Beispiele aufzeigen.

### Probleme mit den Kollegen

Wer zu wenig Selbstliebe in sich trägt, der ist mit sich selbst unzufrieden. Derjenige hat oft schlechte Laune oder ist einfach nur nicht glücklich. Beides führt dazu, dass der Betroffene von seiner Umwelt als nicht sympathisch wahrgenommen wird. Oft verrät bereits der Gesichtsausdruck, wie traurig oder unzufrieden die Person ist. Stell dir mal zwei Kollegen von dir vor: Einer ist immer fröhlich, hat immer einen Witz drauf und der zweite hat immer einen ernsten Gesichtsausdruck und scheint mürrisch zu sein. Mit welchem von beiden würdest du dich lieber anfreunden? Richtig, wahrscheinlich mit demjenigen, der immer gut drauf ist.

Oft wird zwar dem ernsten Menschen Unrecht getan und er erhält gar nicht die Chance, sich so zu geben, wie er eigentlich ist. Diese Menschen müssen meist erst aus der Reserve gelockt werden. Aber leider führt der erste Eindruck dazu, dass man diesen Menschen meidet. Auch hier entsteht dann der Teufelskreis: Er wird noch unzufriedener und die Kollegen nehmen noch mehr Abstand.

Folgen hiervon könnten lauten: Er wird gemobbt oder die beruflichen Leistungen sinken, weil das Arbeitsklima so schlecht ist.

**Fehlender Ehrgeiz**

Selbstzweifel führen dazu, dass du dich beruflich nicht anstrengst. Du könntest zum

Beispiel an einer Weiterbildung teilnehmen und lehnst diese ab, weil du denkst, du schaffst es gar nicht. Du gibst dir dann zu wenig Mühe und bleibst in der Position stecken, in der du gerade bist. Du hast einfach Angst zu versagen. Oder: Du denkst, dass du es gar nicht wert bist, weiter zu kommen. Du siehst dich selbst nicht in der höheren Position oder du hast Angst vor der erhöhten Verantwortung. Womöglich hast du auch Angst, zu versagen. Alle negativen Erfahrungen würden dein Selbstbild verschlechtern und somit auch die Selbstliebe abschwächen.

**Falsches Auftreten**

Welches Hauptproblem haben Menschen mit einer fehlenden Selbstliebe? Sie kümmern sich zu wenig um sich selbst und gönnen sich nichts. Darunter fällt auch, dass sie keine perfekte Frisur besitzen, weil sich für sich keinen Frisör zahlen möchten. Ferner kleiden sie sich eventuell nicht modern oder elegant genug. All dies führt im beruflichen Bereich dazu, dass der

Erfolg ausbleibt. Karriere werden nur diejenigen erleben, die auf ein gepflegtes Äußeres hohen Wert legen. Du musst jetzt natürlich keinen Armani Anzug tragen, um als Angestellter Karriere zu machen. Du benötigt aber ein attraktives Erscheinungsbild mit sauberer, ordentlicher Kleidung, die nicht aus dem letzten Jahrhundert sein sollte. Zudem sollte alles stilvoll kombiniert werden. Und für Frauen gilt: Auf Make-up nicht verzichten.

Abgesehen davon, dass diese Optik jeden begeistert und dir automatisch höhere Kompetenzen zugeschrieben werden, führt dies zu einem weiteren Punkt: Du fühlst dich selber besser und strahlst dann auch wesentlich mehr Selbstbewusstsein aus. Du hast dann eine gerade Körperhaltung, deine Stimme verstärkt sich und deine Kommunikation verbessert sich. All dies führt dazu, dass du mehr Erfolg bei deinen Kollegen, deinem Vorgesetzten und falls vorhanden, auch bei den Kunden haben wirst.

**Falsche Bescheidenheit**

Der Traum einer beruflichen Karriere geht auch dann verloren, wenn du denkst, dass du dies gar nicht verdient hast. Wer sich selbst nicht liebt, hängt leider oft an solchen Gedankengängen fest. Wenn du so denkst, dann legst du deine Karriere von Beginn an auf die Seite. Du wirst dann niemals etwas unternehmen, um weiterzukommen. Du lehnst jede Fortbildung ab und du wirst auch nicht zu deinem Vorgesetzten gehen, um eine Gehaltserhöhung zu fordern.

Es könnte jedoch noch weitergehen: Fühlst du dich ungerecht behandelt? Hast du womöglich eine Abmahnung oder gar die Kündigung erhalten? Dann akzeptierst du diese vielleicht, weil du selbst an dir zweifelst. Du denkst eventuell, dass du es nicht wert bist, dass du dich wehrst. Überlegst du gar, ob du dies verdient hast? Es könnte nun auch sein, dass du einfach nur deine Ruhe haben willst und deshalb alles akzeptierst. Andererseits solltest du an deine Zukunft denken, denn jede

Abmahnung, Kündigung oder Arbeitsplatzwechsel kann sich negativ für deine berufliche Zukunft auswirken. Die Chancen auf einen neuen Job könnten so von mal zu mal sinken.

## ***Familiäre Probleme***

Welche Probleme könnten auftreten, wenn du ohne Selbstliebe eine Familie gründest? Das Hauptproblem wird sein, dass du dich dann vollständig aufgibst. Du bist dann nur noch für deinen Partner und deine Kinder da. Dich mag das vielleicht nicht stören – die Kinder und den Partner schon. Teilweise fühlen sich die Kinder dann erdrückt oder sie halten dich für schwach, weil du immer nachgibst und keinen eigenen Willen besitzt. Das führt dazu, dass sich die Kinder spätestens ab dem Teenageralter immer weiter entfernen.

Aber auch du kannst unter dieser Situation leiden. Zuerst wirst du dich glücklich fühlen, weil du ja gar nicht das Bestreben hast, an dich zu denken. Vielleicht bist du sogar froh, das Problem „dich um dich zu kümmern“ endlich los zu sein. Du hast endlich eine Ausrede: Du musst dich um die Familie kümmern, die Kinder großziehen, den Haushalt erledigen, den Garten pflegen und deinem Mann den Rücken für die berufliche Zukunft freihalten. Für dich bleibt da keine Zeit – du opferst dich auf. Spätestens dann, wenn die Kinder erwachsen und aus dem Haus sind, hast du ein großes Problem: Du hast keine Aufgabe mehr. Du stehst plötzlich allein da. Du musst dich plötzlich um dich selbst kümmern oder eine andere Aufgabe suchen. Schwierig nur, wenn du bisher keinen Beruf ausgeübt hast.

Alternativ könnte es auch sein, dass du dich völlig für deine Arbeit aufgegeben hast. Du hast dich dann zu wenig um deine Familie gekümmert. Auch in diesem Fall wird sich die Familie langsam aber sicher von dir entfernen. Das oben zitierte Problem tritt dann auf, wenn du in den wohlverdienten Ruhestand gehst und du auf einen Schlag zu viel Freizeit hast.

## ***Generelle Probleme***

Die wichtigsten Lebensbereiche haben wir bereits veranschaulicht. In diesem Kapitel widmen wir uns den generellen Problemen, die bei einer fehlenden Selbstliebe auftreten können.

### Einsamkeit

Wahrscheinlich fühlst du dich öfter einsam, als andere. Viele Personen lieben es, allein zu sein. Sie können hierbei auftanken und starten dann energiegeladen in das nächste Abenteuer. Bei dir ist das vielleicht anders. Fühlst du dich innerlich leer und einsam, wenn kein anderer da ist? Das liegt leider an der fehlenden Selbstliebe – du allein genügst dir nicht. Klar, dass niemand mit sich selber reden kann. Aber wenn du mit dir selbst zufrieden bist und dich auch wirklich so annimmst wie du bist, dann kannst du auch allein sein, ohne dass du einsam bist.

Wenn dir die Selbstliebe fehlst, dann bist du immer auf der Suche. Auf der Suche nach etwas, ohne zu wissen, wonach du suchst. Es könnte auch sein, dass du unter Menschen bist – unter Freunden oder Verwandten – und dich trotzdem einsam fühlst. Auch wenn du einen Partner hast, dann suchst du vielleicht immer noch weiter. Du bist nicht wirklich Vorort und nimmst den derzeitigen Moment geistig gar nicht wahr, dabei kann die Kostbarkeit jeder einzelnen Sekunde deines Daseins, in keinerlei Worte gefasst werden.

## Unglücklich

Wer sich selbst nicht liebt, ist meist unglücklich. Dieses Gefühl tritt oft bereits nach dem Aufstehen auf. In der Regel wissen die Betroffenen gar nicht, warum sie unglücklich sind. Sie fühlen sich eventuell unwohl in ihrer Haut und wissen nicht so richtig, wer sie sind. Dass es aber an der fehlenden Selbstliebe liegt, wissen die meisten nicht, obwohl es so klar auf der Hand liegt. Wie soll man glücklich sein, wenn man sich selbst nicht ausstehen kann? Wenn man immer denkt, man wäre es nicht wert, dass man sich etwas gönnt. So verzichtet man auf einen schönen Ausflug, auf ein nettes Heim oder gar auf einen schönen Urlaub. Man hat dann das Gefühl nur zu leben, aber nichts vom Leben zu haben.

**Das Aussehen**

Wie sieht es mit deinem Körper aus? Pflegst du ihn regelmäßig? Gönnst du dir ausreichend Schlaf und Zeit zum Entspannen? Wahrscheinlich nicht, und zwar weil du denkst, du bist es nicht wert. Ebenso kann es sein, dass du dir keine schöne, teure Kleidung gönnst. Auch hier denkst du, du bist es nicht wert, Geld für dich auszugeben. Allerdings ist es so, dass du damit nicht zufrieden sein wirst. Und somit schwächt sich dein Selbstbewusstsein ständig ab. Irgendwann einmal fehlt dir nicht nur die Selbstliebe, sondern auch das Selbstbewusstsein und das Selbstwertgefühl. Zudem könnte es sein, dass du dich falsch ernährst und dein Idealgewicht in weite Ferne rückt. Sport treiben, um abzunehmen und attraktiv auszusehen? Das kommt wahrscheinlich auch nicht infrage.

## Zwischenmenschliche Probleme

Meist haben Personen mit wenig Selbstliebe auch zu wenig Freunde. Das liegt nicht daran, dass die anderen sie nicht mögen. Vielmehr liegt es daran, dass sie selber denken, sie würden nicht geliebt werden. Daher ziehen sie sich immer mehr zurück, bis sich niemand mehr meldet. Denn das „Problem“ mit Freundschaften ist, dass man diese pflegen muss. Und das geht nur, wenn sich alle immer wieder beieinander melden. Sollte die Kontaktaufnahme immer nur von einem ausgehen, so wird es auf Dauer langweilig.

Ebenfalls lieben die Menschen es, wenn andere Menschen immer gut drauf sind, viel lachen und nicht ständig erst sind. Wer jedoch mit sich selbst unzufrieden ist, ist meist auch schlecht gelaunt oder es kommt zumindest so rüber. Und schon beginnen die zwischenmenschlichen Probleme. Das interessante dabei ist, dass es eigentlich nicht dein Problem ist, sondern von der Gesellschaft. Wer hat das Recht, festzulegen, ob die Menschen immer nur gut gelaunt sein müssen, damit man sich mit ihnen abgibt? Dieses falsche Denken der Zivilisation führt leider dazu, dass du dich noch weniger liebst, weil du anders bist und somit entsteht erneut ein Teufelskreis.

**Gesundheit**

Es kann beobachtet werden, dass Personen ohne Selbstliebe seltener an ihre Gesundheit denken. Diese Mühe ist ihnen oft zu anstrengend und es gibt immer wieder Ausreden. Zum Arzt zu gehen? Keine Zeit. Mit den Kindern zum Arzt gehen? Dafür ist immer Zeit! Zudem denken diese Menschen oft nicht an die Konsequenzen, wenn sie sich ungesund ernähren, rauchen oder gar vermehrt Alkohol zu sich nehmen. Manchmal ist es ihnen vielleicht bewusst – aber einfach nur egal.

Wie du siehst, führt eine fehlende oder zu schwache Selbstliebe zu sehr vielen Problemen. Probleme, die andere Menschen gar nicht haben, weil sie das Gefühl haben, sich selbst verpflichtet zu sein. Diese Menschen lieben es, sich um sich selbst zu kümmern, ihre Seele und ihren Körper zu pflegen. Hierbei handelt es sich um Menschen, denen alles scheinbar zufliegt: Der Partner, die Familie, Reichtum und beruflicher Erfolg. Im Grunde genommen kannst auch du all dies erreichen – wenn du dich nur selbst genug liebst. Wie das funktioniert, verraten wir dir im nächsten Kapitel.

# Tipps zum Erzielen der Selbstliebe

In diesem Kapitel möchten wir die viele Tipps und Tricks zeigen, wie du deine Selbstliebe findest oder diese erhöhst. Natürlich gibt es bereits viele Tipps, zum Beispiel: Du sollst dich im Spiegel ansehen und dir selbst sagen, dass du dich liebst. Glaube uns, dass dies nicht funktioniert. Klar, kannst du diesen Satz sagen, aber warum solltest du dir selber glauben und weshalb soll er dann eine Wirkung erzielen? Du darfst diesen Trick natürlich testen und sehen, was als Ergebnis herauskommt.

Wir möchten dir andere Tricks zeigen, die tatsächlich wirken. Zwar vielleicht nicht so schnell und vielleicht sind diese nicht so angenehm, aber sie behandeln das Problem an der Wurzel und nicht nur an der Oberfläche.

***Finde die Ursache heraus***

Im Kapitel „Ursachen fehlender Selbstliebe“ haben wir einige Beispiele genannt, wie es zur fehlenden Selbstliebe kommen kann. Hast du dich darin wieder erkannt? Wenn ja, dann darfst du dieses Kapital überspringen, ansonsten lese bitte weiter.

Nehme dir ein paar Minuten oder gar eine Stunde Zeit. Zeit, in der dich niemand stören kann. In dieser Zeit sollte auch das Handy oder Telefon nicht klingeln und du solltest dich auch nicht durch andere Situationen stören lassen. Diese Zeit steht nur dir allein zur Verfügung, um nachzudenken. Ergründe dein bisheriges Leben und gehe – so weit möglich – bis in die Kindheit zurück. Denn nur, wenn du den wahren Grund kennst, warum du dich selbst nicht liebst, kannst du daran arbeiten.

Haben deine Eltern sich selbst komplett zurückgenommen, um dir ein schönes Leben bieten zu können? Dann hast du gar nicht lernen können, was Selbstliebe bedeutet. Wenn zum Beispiel deine Mutter immer auf alles verzichtet hat, sich nie selbst etwas gegönnt hat, sondern jeden Cent für dich ausgegeben hat, dann weißt du gar nicht, was Selbstliebe bedeutet. Dann hast du nur eines gelernt: Sei immer für andere da und nehme dich selbst zurück.

Hast du auf alles verzichten müssen, weil du der ältere von allen Geschwistern warst? Auch dann hast du nur gelernt, dass alle anderen Menschen wichtiger sind. Wie hätte in diesen Situationen die wertvolle Eigenschaft der Selbstliebe entstehen sollen?

Was kannst du jetzt machen, um dich selbst zu lieben? Mache dir bewusst, dass sich deine Eltern oder deine weitere Umwelt damit falsch verhalten hat. Mache dir klar, dass jeder Mensch das Recht hat, sich zu lieben. Nein, eigentlich nicht das Recht, sondern die Pflicht. Dir wurde ein schöner Körper und eine gesunde Seele geschenkt. Letztere wurde ohne dein

Verschulden verletzt. Sei dir jetzt bewusst, dass jeder Mensch wertvoll ist – auch du. Kein Mensch hat das Recht, andere Menschen schlecht zu machen oder dessen Selbstbewusstsein zu schwächen. Mache dich nicht als Erwachsener für die Fehler anderer verantwortlich. Kein Mensch hat einen geringeren Wert als andere. Und nur dann, wenn du dich selber liebst, wirst du ein wundervolles und erfolgreiches Leben führen. Diese Gedanken sollten immer präsent sein – beim Aufstehen, während des Tages und beim Einschlafen.

### *Denke an deine Erfolge*

Höchstwahrscheinlich reicht es nicht, wenn du deine Gedanken wie oben beschrieben veränderst. Wahrscheinlich musst du weiter gehen: Schreibe all dein Erfolge auf einen Zettel. Hattest du in der Schule gute Noten? Bist du in einem erfolgreichen Beruf tätig oder hast du dich gar selbstständig gemacht? Lobe dich für diese Erfolge. Es dürfen auch kleinere

Erfolge sein: Lobe dich für jeden Tag, an dem du zur Arbeit gehst, deinen Haushalt erledigst oder dich sportlich betätigt hast. Überlege, wie du dich einer anderen Person gegenüber verhalten würdest, wenn diese so wäre wie du. Hättest du ihr gegenüber Respekt? Mit Sicherheit ja.

### *Erfolge erschaffen*

Dir fehlen Erfolge in deinem Leben? Dann ändere das: Melde in an einem VHS-Kurs an, lerne eine neue Sprache oder beginne mit einem Fernstudium. Bereits der erste Schritt dahin wird dein Selbstbewusstsein stärken und du bist stolz auf dich. Solltest du das Fernstudium nicht mit Erfolg abschließen, muss es ja niemand wissen. Du hast trotzdem einen guten Grund auf dich stolz zu sein – du hast es versucht und das zählt.

### *Notiere deine guten Eigenschaften*

Ähnlich verhält es sich mit den Eigenschaften, die dich zu dem Menschen machen, der du bist. Notiere auch diese auf einen Zettel und lese ihn immer vor dem Schlafen durch. Auf diese Weise machst du dir ebenfalls klar, welch guter Mensch du bist und weshalb du dich selber lieben kannst. Sei stolz auf dich selbst. Überlege auch, warum dich andere Menschen lieben. Was ist an dir Besonderes, das andere nicht haben? Auch darauf darfst du stolz sein! Du wirst sehen, dass du dich mit diesem Trick bald selber lieben wirst.

### ***Dein bisheriges Liebesleben***

Hattest du bisher immer nur kurze Beziehungen? Wurdest du öfter verlassen oder hast du dich getrennt, weil du vielleicht unglücklich warst? Oder hattest du gar Angst vor einer tiefen Bindung? Was auch immer bei dir der Auslöser für ein unzufriedenes Liebesleben ist: Mache dich nicht selbst verantwortlich. Überlege, welchen Anteil deine Partner hatten. Ebenso könnte es sein, dass du dich am Leben und Verhalten deiner Eltern orientierst. War dieses perfekt? Oder war es gar das Gegenteil von dem, was du möchtest? Meist ist es leider so, dass die Kinder automatisch das Verhalten ihrer Eltern übernehmen – unbewusst natürlich. Versuche, hier Parallelen zu finden. Die gibt es garantiert und verändere bewusst dein Verhalten. Überlege auch – selbst wenn es schmerzhaft ist – wie sich deine Partner verhalten hatten. Viele Menschen geraten immer an den für sie falschen Menschen. Sie suchen stets nach dem gleichen Muster und fallen auf die falschen Personen herein. In diesem Punkt solltest du auch überlegen, wie sich dein Anteil daran gestaltet. Schmilzt du zu schnell dahin, wenn du umworben wirst? Lässt du mehr dein Herz als deinen Verstand sprechen? Gab es bereits zu Beginn einer jeder Beziehung Anzeichen, die klar gemacht hätten, dass es nicht funktionieren kann?

Leidest du unter dem Helfersyndrom? In diesem Fall sucht sich der Betroffene immer Personen als Partner, denen er helfen kann. Am

Anfang mag dies ja auch noch interessant sein, mit der Zeit wirst du darunter leiden und du wirst unglücklich. Auch diese Beziehung geht dann in die Brüche und du gibst dir dafür die Schuld. Erkennst du, was passiert? Deine Selbstachtung geht verloren und die damit auch die Selbstliebe. Fakt ist Selbstliebe macht unwahrscheinlich attraktiv!

### *Verändere dein Aussehen*

Kleider machen Leute. Dieses Sprichwort ist leider wahr. Verändere bewusst dein Aussehen, kaufe eventuell neue Kleidung, gehe zum Frisör und pflege regelmäßig deine Haut und deinen Körper. Du wirst sehen, dass sich mit einem positiven Aussehen auch deine Ausstrahlung verändert. Du wirkst auf andere Menschen ganz anders und hierdurch erhöht sich dein Selbstbewusstsein. Sobald sich dieses erhöht, wirst du dich auch selbst lieben können.

Dir gefällt dein Körpergewicht nicht? Dann fange sofort damit an, Sport zu treiben. Aber nicht von 0 auf 100 starten. Damit überforderst du dich und verlierst die Lust. Fange langsam an: Gehe zuerst spazieren und verlängere dann immer die Strecke. Zugleich kannst du dein Tempo erhöhen. Dann fängst du mit Schwimmen, Joggen oder Radfahren an. Sobald du dich in deiner Haut wohler fühlst, kannst du auch in das Fitnesscenter gehen. Würdest du sofort dorthin gehen, dann erreichst du das Gegenteil: Solange du mit deinem Körper unzufrieden bist, wirst du das Gefühl haben, dass dich die anderen Sportler negativ betrachten. Tue dir dies nicht an und gehe erst dann ins Fitnesscenter, wenn sich dein Selbstbewusstsein zum Teil gestärkt hat.

Auch der tägliche Blick in den Spiegel hilft dir, dich selbst mehr zu akzeptieren und so zu sehen, wie du bist. Sage jeden morgen zu dir selbst: „Ich bin ein Gewinner“ oder die Eigenschaft(en), bei denen du besser werden möchtest. Weiterhin hilft dir ein Spiegel dabei deine Gestik, Mimik und Artikulation zu verbessern. Viele Top-Manager üben häufig vor dem Spiegel und trainieren so ihr auftreten.

***Fehler akzeptieren***

Fehler zu machen ist menschlich und Nobody ist perfekt. Warum also nimmst du dir Fehler zu sehr zu Herzen? Klar darfst du darüber nachdenken, um die Ursache dafür zu finden. Das liegt daran, dass du in Zukunft die gleichen Fehler vermeiden wirst, wenn du die Ursache kennst und an dieser arbeitest.

Beispiel: Du hattest innerhalb von zwei Monaten zwei Verkehrsunfälle. Wie liefen diese ab? Gab es hier Zusammenhänge? Fanden diese statt, als du gestresst in die Arbeit gefahren bist oder als du völlig erledigt von der Arbeit kamst? Warst du vielleicht unkonzentriert? Wenn du die Ursache kennst, kannst du diese verändern und Fehler passieren nicht mehr.

Denke aber immer daran, dass Fehler normal sind. Jeder ist mal unkonzentriert, denkt über Probleme nach und macht aus dem Grund

Fehler in der Arbeit. Ebenso ist es menschlich, nicht immer eine gute Laune zu haben und auch mal einen unschuldigen Menschen anzumotzen. Hier ist es wichtig, dass du dich anschließend entschuldigst.

Ferner ist es wichtig, dass du dir klar machst, dass niemand das Recht hat, über andere zu urteilen. Wer kennt denn dein Leben? Wer weiß, was dich gerade beschäftigt? Wie du siehst, bist nicht du falsch oder fehlerhaft – dies sind vielmehr diejenigen, die sich ein Urteil über andere erlauben.

***Achte auf deine Gesundheit***

Wer mit sich und seinem Leben unzufrieden ist, der liebt sich selbst auch nicht. Daher: Achte auf deine Ernährung, denn diese wirkt sich auch auf deinen Gemütszustand aus. Ernähre dich ausgewogen, nehme viel Obst und Gemüse zu dir und vor allem: Verzichte auf Alkohol und Schokolade. Beides macht dick und kann auch deine Stimmung negativ beeinflussen. Zudem führt eine falsche Ernährung dazu, dass du dich nicht fit fühlst und lieber auf der Couch liegst, anstatt dich mit Freunden zu treffen oder in die Natur zu gehen. Sport ist dann meist ebenfalls kein Thema.

### *Gönne dir Zeit allein*

Zählst du zu den Personen, die allein unglücklich und einsam sind? Dann ändere das! Buche einen Urlaub nur für dich. Gehe in ein Wellnesshotel und lasse dich verwöhnen. Gönne dir all das, worauf du bisher verzichtet hast. Langeweile wird in diesem Fall nicht aufkommen und du lernst damit, auch alleine glücklich zu sein. Nach diesem kleinen Abenteuer weißt du dich als Mensch zu schätzen und natürlich auch zu lieben.

### *Stelle dich deinen Ängsten*

Nur wer sich seinen Ängsten stellt, kann langfristig glücklich werden. Wenn du immer noch darauf hörst, was andere dir sagen wirst du nie wirklich frei sein. Diese Eigenschaft zeugt von mangelnder Selbstliebe und Selbstliebe ist der einzige Weg, sich diesen Fesseln zu entledigen. Was hast du zu verlieren? Das heißt noch lange nicht, dass du frei von Ängsten sein sollst, sondern vielmehr solltest du den Mut haben dich dieser zu stellen, immer und immer wieder. Wage den Sprung in das Unbekannte, denn im Leben ist nichts sicher. Akzeptiere diese Tatsache, dass nicht alles beeinflussbar ist. Wie kannst du das umsetzen? Erstens fange so früh wie möglich an! Deine Ängste sind in 99% aller Fälle unbegründet und werden niemals eintreten, also warum sich darüber sorgen machen? Hier nun einige Praxisübungen...

Nimm dir einen oder mehrere gute Freunde zur Seite. Gehe unter Menschen, am besten in das Zentrum einer belebten Stadt. Fokussiere dich und fangt an euch verschiedene Mutproben auszudenken. Zum Beispiel fragst du das andere Geschlecht, ob du ihre/seine Nummer bekommen kannst auf eine lustige Weise. Wenn du schreien möchtest dann schreie. Sei spontan! Möchtest du ein paar Fitnessübungen absolvieren, dann warum nicht vor dem nächsten Hauptbahnhof oder im Einkaufszentrum neben an. Mit jeden Mal werden dir/euch solche Übungen leichter fallen. Besonders am Anfang lohnt es sich diese Übungen in der Gruppe zu machen und fällt umso leichter. Nimm also den Moment war und vergewissere dich, dass es absolut nichts zu fürchten gibt. Was soll schon passieren? Außer möglicherweise ein paar neidische Blicke zu ernten? Vielleicht triffst du auf Leute die so ähnlich denken wie du und lernst einen guten Freund oder sogar die/der Partnerin/Partner für das Leben kennen. Alles ist möglich. Sei nicht wie der Durschnitt. Auf diese Weise kannst du andere Menschen motivieren und die Welt so ein Stück gesünder, sowie liebevoller machen. Viel Spaß, du wirst ihn definitiv haben.

# Fazit

Im Endeffekt können alle Tricks und Tipps auf einen Nenner gebracht werden: Nehme dir eine Person als Vorbild, die du schätzt und respektierst. Jetzt versuche, dich dieser Person äußerlich und innerlich anzunähern. Verändere dich hierbei aber nicht komplett, denn du bist wertvoll, so wie du bist. Allerdings darfst du dich natürlich immer in die Richtung verändern, die dir gefällt. Fasse daher zusammen, was dir an dich selbst stört und verändere dies. Du bist nicht wortgewandt? Dann buche ein Seminar hierfür. Du bist nicht sportlich? Dann fange noch heute an zu trainieren. Denke jedoch immer daran, dass du ein wertvoller Mensch bist und dass du dich wegen keiner Person oder der Gesellschaft verbiegen sollst. Werde so, wie du das möchtest und dann wird auch dein gesamtes Leben funktionieren: Du wirst ab diesem Zeitpunkt eine glückliche Beziehung führen, weil du im Grunde genommen nicht mehr auf deinen Partner angewiesen bist und ihm daher ausreichend Freiraum lässt. Eifersucht wird ab jetzt kein Thema mehr sein und du wirst die Kraft haben, schöne Erlebnisse und einen beruflichen Erfolg einzufordern. Sobald du dich selber liebst, besitzt du eine positive Ausstrahlung, die von deinen Mitmenschen gerne angenommen wird. Alle werden sich dementsprechend verhalten. Sei die Veränderung, die du auch in anderen Menschen sehen möchtest. Liebe ist für alle da und jeder kann mit den hier vorgesellten Methoden Erfolge erzielen!

Der Schlüssel zum inneren Glück lautet:

**Lieb dich selbst und du wirst deine Mitmenschen und dein Umfeld lieben lernen.**

***„Überlasse die Entscheidung***

***ob du liebenswert bist,***

***nur einem Menschen:***

***DIR.“***

*(Rolf Merkle)*

# Impressum

## Selbstliebe

*Die Kunst gesunde Beziehungen zu führen*

*Sich selbst und andere lieben lernen - Selbstwert, Selbstbewusstsein, Selbstannahme, Selbstbeziehung, Erfolg*

1. Auflage
2018



Thomas Müller/Max Penndorf
Cöthner Str. 11
04155 Leipzig
thomas.mueller5207@gmail.com

# Haftungsausschluss

Alle in diesem Buch erwähnten Informationen zum Thema Ernährung und Gesundheit können nicht als medizinische Empfehlung verwendet werden. Es kann kein Schadensersatz geltend gemacht werden, falls irgendeine in diesem Buch erwähnte Behandlungsmethode etc. nicht funktionieren sollte. Falls du Fragen zu den Themen Ernährung und Gesundheit hast, konsultiere einen Spezialisten, Arzt, Heilpraktiker, Ernährungswissenschaftler oder Eigenrecherche.

**Haftung für Inhalte**

Als Diensteanbieter sind wir gemäß § 7 Abs.1 TMG für eigene Inhalte auf diesen Seiten nach den allgemeinen Gesetzen verantwortlich. Nach §§ 8 bis 10 TMG sind wir als Diensteanbieter jedoch nicht verpflichtet, übermittelte oder gespeicherte fremde Informationen zu überwachen oder nach Umständen zu forschen, die auf eine rechtswidrige Tätigkeit hinweisen. Verpflichtungen zur Entfernung oder Sperrung der Nutzung von Informationen nach den allgemeinen Gesetzen bleiben hiervon unberührt. Eine diesbezügliche Haftung ist jedoch erst ab dem Zeitpunkt der Kenntnis einer konkreten Rechtsverletzung möglich. Bei Bekanntwerden von entsprechenden Rechtsverletzungen werden wir diese Inhalte umgehend entfernen.

## Haftung für Links

Unser Angebot enthält Links zu externen Webseiten Dritter, auf deren Inhalte wir keinen Einfluss haben. Deshalb können wir für diese fremden Inhalte auch keine Gewähr übernehmen. Für die Inhalte der verlinkten Seiten ist stets der jeweilige Anbieter oder Betreiber der Seiten verantwortlich. Die verlinkten Seiten wurden zum Zeitpunkt der Verlinkung auf mögliche Rechtsverstöße überprüft. Rechtswidrige Inhalte waren zum Zeitpunkt der Verlinkung nicht erkennbar. Eine permanente inhaltliche Kontrolle der verlinkten Seiten ist jedoch ohne konkrete Anhaltspunkte

einer Rechtsverletzung nicht zumutbar. Bei Bekanntwerden von Rechtsverletzungen werden wir derartige Links umgehend entfernen.

## Urheberrecht

Die durch die Seitenbetreiber erstellten Inhalte und Werke auf diesen Seiten unterliegen dem deutschen Urheberrecht. Die Vervielfältigung, Bearbeitung, Verbreitung und jede Art der Verwertung außerhalb der Grenzen des Urheberrechtes bedürfen der schriftlichen Zustimmung des jeweiligen Autors bzw. Erstellers. Downloads

und Kopien dieser Seite sind nur für den privaten, nicht kommerziellen Gebrauch gestattet. Soweit die Inhalte auf dieser Seite nicht vom Betreiber erstellt wurden, werden die Urheberrechte Dritter beachtet. Insbesondere werden Inhalte Dritter als solche gekennzeichnet. Sollten Sie trotzdem auf eine Urheberrechtsverletzung aufmerksam werden, bitten wir um einen entsprechenden Hinweis. Bei Bekanntwerden von Rechtsverletzungen werden wir derartige Inhalte umgehend entfernen.

Quelle: https://www.e-recht24.de/muster-disclaimer.html

26121968R00038

Printed in Poland
by Amazon Fulfillment
Poland Sp. z o.o., Wrocław